1

PRIMARIA

Ciencias Sociales

CUADERNO

W0277920

ANAYA

1. ¿Cómo es tu colegio?

El colegio tiene lugares en los que aprendemos y nos divertimos. Debemos cuidarlos y dejarlos ordenados.

1 ¿En qué lugar del colegio están? Relaciona.

2 Une para que todo esté ordenado.

3 Utiliza colores diferentes para colorear correctamente los caminos.

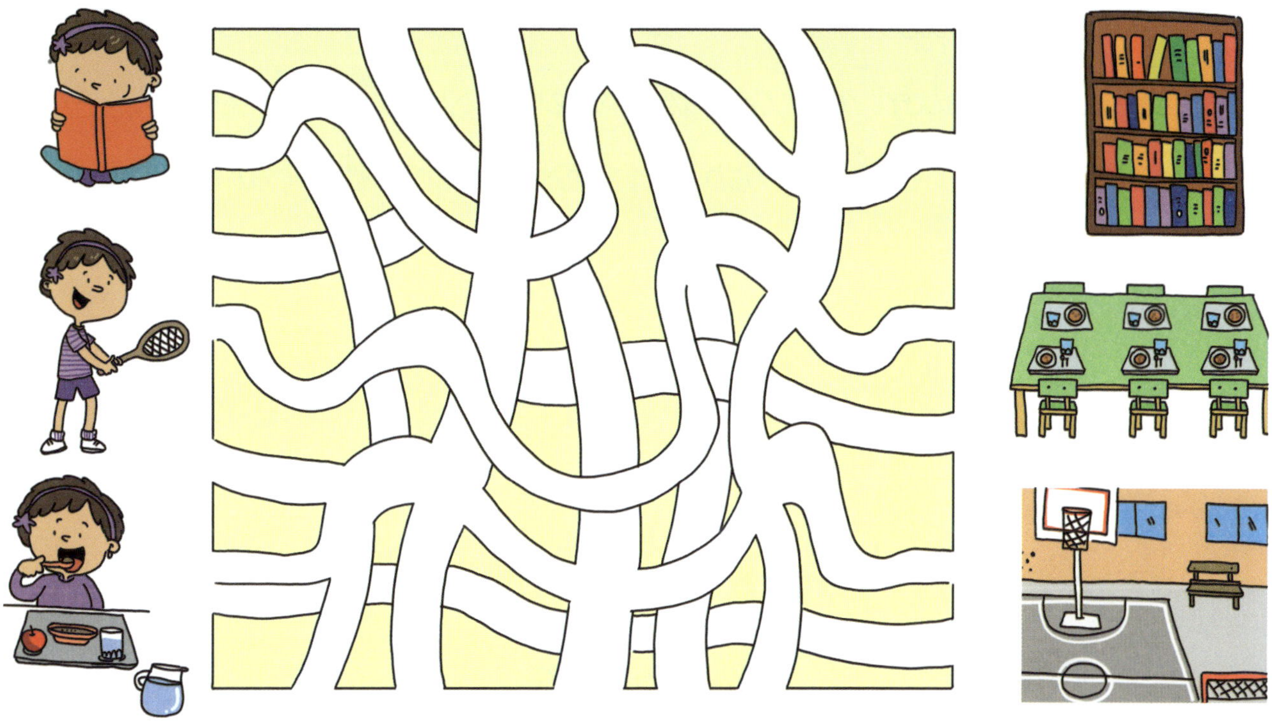

4 Observa estas escenas y numéralas en orden.

5 Di en voz alta el nombre de tu colegio y el espacio que más te gusta de él.

2. ¿Qué te gusta hacer con tu familia?

Con nuestros familiares podemos hacer un montón de cosas. Además, no debemos olvidar colaborar en las tareas de casa.

1 Realiza las siguientes actividades.

– ¿Te gusta hacer estas actividades con tu familia?

Dibuja ,  o .

– Dibuja otra actividad que te guste hacer en familia.

2 Colorea la tarea o las tareas de casa en las que colaboras.

3 Berto y Susana van a comer lo siguiente:

Dibuja los cubiertos que van a necesitar.

Menú del día

Primer plato

Sopa de fideos

Segundo plato

Filete de pollo con ensalada

Postre

Yogur

4 ¿Dónde deben estar? Numera como corresponda.

3. ¿Dónde vives?

Las localidades pueden ser pequeñas o grandes. A las pequeñas las llamamos pueblos, y a las grandes, ciudades. En ellas hay diferentes edificios y calles.

1 Ordena las letras con fondo amarillo y escribe la palabra secreta. Te damos una pista: ¡Es una localidad grande!

Es una ______________________ .

2 Lee estas palabras y ordénalas para construir una frase.

ciudades y calles En las altos anchas hay edificios

____

____

3 Colorea aquello que puedes encontrar en tu localidad.

semáforos	oficinas	mar	campos
bosques	hospital	río	parques

4 Carlos ha recibido una postal de su amiga María.

¡Hola, Carlos!
¡Mira qué bonito! Estoy en una localidad junto al mar.
Sus edificios son altos/bajos y viven pocas/muchas personas. Casi todas se conocen y son muy simpáticas.
Como hay pocos/muchos coches, jugamos al escondite en sus largas/cortas calles.
A veces voy a pescar. ¡Es muy divertido!
Un beso.

- Rodea en la postal las palabras en azul que sean correctas.
- Escribe si se trata de una ciudad o un pueblo.

Es ______________________.

5 Responde en voz alta: ¿Vives en un pueblo o en una ciudad? ¿Cómo se llama tu localidad?

4. ¡Cuántos trabajos!

Las personas realizamos diferentes trabajos. Algunos se desarrollan en la naturaleza, y otros, en las localidades. Hay trabajos que elaboran productos. Otros, en cambio, nos dan servicios.

1 ¿Dónde trabajan? Rodea el dibujo correcto en cada caso.

2 Realiza las siguientes actividades.

- Lee esta adivinanza y escribe su solución:

Reparto cartas y mercancías,
por la localidad cada día.
A muchas personas puedo saludar,
empujo mi carrito al caminar.

Soy un ______________.

- Ahora, dibújalo.

3 Escribe tres cosas que se pueden comprar en estas tiendas.

Papelería	Supermercado

4 Une cada producto natural con el producto que se puede elaborar con él.

5. ¿Caminas o circulas?

Los peatones y las personas que conducen vehículos respetan unas normas al desplazarse por las localidades.

1 Observa y escribe las siguientes palabras donde corresponda.

acera calzada semáforo paso de peatones

2 Escribe V (verdadero) o F (falso).

- Los vehículos circulan por la acera. .... ☐
- Los peatones cruzamos de una calle a otra por el paso de peatones. .... ☐
- Los peatones caminamos por la calzada. .... ☐

3 ¿Qué nos ponemos al montar en bicicleta, patines o patinete? Subraya la palabra secreta y después escríbela.

lepdcwcascomejaiq

Nos ponemos ______________.

4 Colorea los semáforos para que puedan pasar los peatones.

5 ¿Quiénes actúan con seguridad? Colorea lo correcto en cada situación.

1. ¿Has visto qué paisajes?

En los paisajes puede haber elementos naturales y también humanizados. Seguiremos disfrutando de los paisajes si los cuidamos.

1 Escribe cuatro elementos naturales de este paisaje.

2 Realiza las siguientes actividades.

– Completa este crucigrama.

– ¿Son elementos naturales del paisaje o humanizados? Colorea la opción correcta.

elementos naturales

elementos humanizados

3 Descifra este jeroglífico y descubre algunas formas del paisaje.

A	E	L	M	N	Ñ	O	R	T	U	V

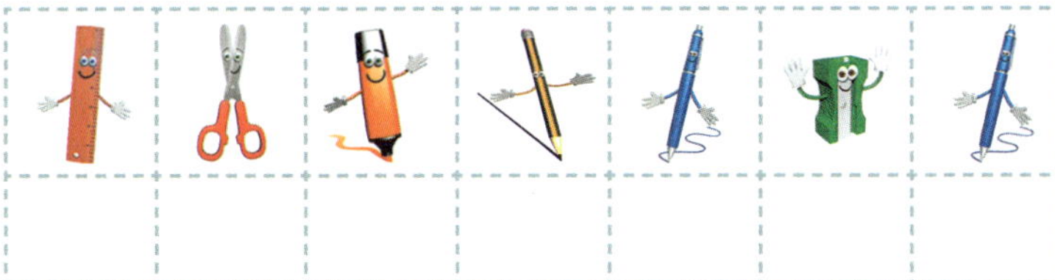

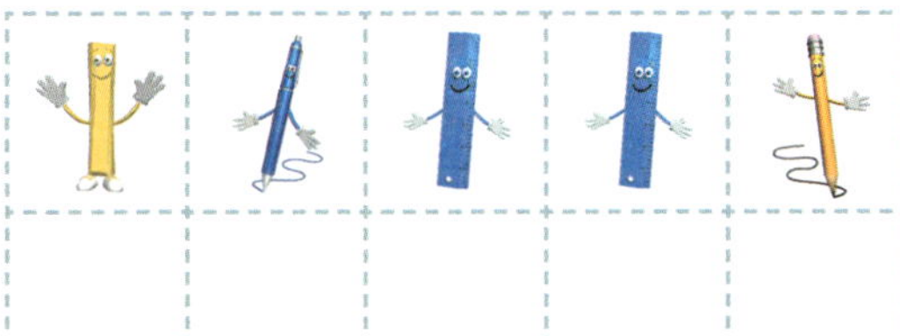

4 Marca lo que podrías ver en un paisaje de costa.

5 Escribe una frase que incluya las palabras **isla** y **mar**.

2. ¿Cómo cuidas el paisaje?

Con acciones sencillas cuidamos los paisajes.

1 Tacha a tres personas que no están cuidando el paisaje.

2 Observa esta fotografía y responde.

– ¿Qué está plantando este niño?

– Escribe otra acción para cuidar el paisaje.

3 Une, usando colores diferentes, cada residuo con su contenedor.

4 Colorea así: 1 - 2 - 3 - 4 - .

Las nubes irán en blanco, y las flores, como quieras.

3. ¿Dónde puedes ver rocas?

Las rocas se utilizan para construir edificios, fabricar utensilios, objetos...

1 Sitúa en el texto estas palabras donde corresponda.

montañas naturales rocas paisaje

En el ____________ podemos ver elementos ____________ como las ____________, los ríos o las ____________.

2 Rodea lo que está hecho con rocas.

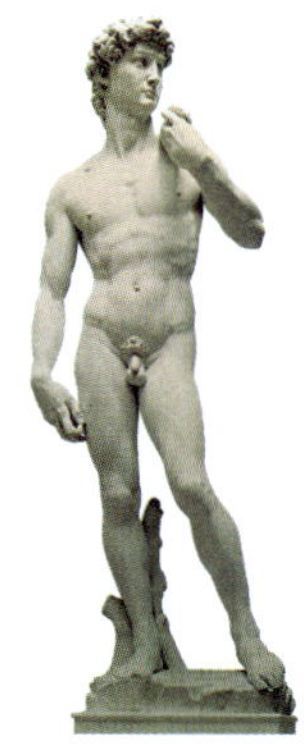

3 Rodea tres rocas en esta sopa de letras.

W	I	O	Q	T	A	R
M	Á	R	M	O	L	W
U	V	X	U	Z	I	I
A	R	C	I	L	L	A
Ñ	R	A	N	M	B	L
P	I	Z	A	R	R	A

4 Observa este cuenco de arcilla y dibuja tú otro ejemplo.

5 Realiza las siguientes actividades.

– Une como corresponda.

pizarra

mármol

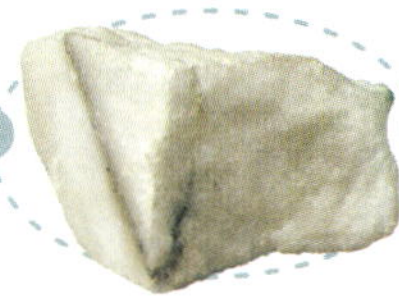

– Rodea la roca dibujada que más te guste.

6 Escribe V (verdadero) o F (falso).

– Las rocas son elementos naturales del paisaje. ☐

– Algunas esculturas están elaboradas con mármol. ☐

– La pizarra es una roca de color amarillo. ☐

7 ¿Con qué roca se hacen los ladrillos? Repasa y rodea al niño correcto.

pizarra

granito

arcilla

4. ¿Hay agua cerca de ti?

El agua que bebemos es potable y dulce.

1 Completa las frases subrayando la opción correcta. El agua…

… tiene forma de vaso. / … se adapta al recipiente en el que se echa.

… tiene olor. / … no tiene olor.

… es de color verde. / … no tiene color.

… no tiene sabor. / … sabe a limonada.

2 Encuentra un lugar donde hay agua salada en esta cadena de palabras. Después, rodéalo y escríbelo.

ríofuentebotellavasomarpiscina

3 ¿Por qué no se puede beber agua del mar?

4 Observa los dibujos y averigua las palabras secretas.

A	C	D	E	G	L	U

5 Colorea el camino correcto y lleva al niño hasta el agua potable.

5. ¿Te animas a ahorrar agua?

Ahorrar agua nos ayudará a que en el futuro no nos falte.

1 Completa el texto con las siguientes palabras.

normas   ahorrar   agotarse   agua

Los seres vivos necesitamos __________ para vivir.

El agua puede __________ si se malgasta.

Podemos __________ agua si nos lo proponemos.

Basta con seguir algunas __________ en casa y en el colegio.

2 Rodea los dibujos donde se está ahorrando agua.

3 Adivina y escribe la solución.

Que me cuides mucho, importa.
Y si lo haces, agua ahorrarás.
Porque si caigo ahora sin parar,
después no me verás.
Cambia la b de bota por una g,
y cómo me llamo adivinarás.

Soy una ________ de agua.

4 Relaciona estos lugares donde podemos ahorrar agua.

casa | colegio | calle

5 Colorea los números comprendidos entre 0 y 8.
Después, repasa el texto y tendrás un cartel.

1. ¿Para qué utilizas el aire?

El aire es imprescindible para los seres vivos.
Por eso, es necesario que lo mantengamos limpio.

1 Descubre la palabra secreta. Úsala para completar la frase.

Cuando el aire se mueve, se llama ________.

2 Subraya la frase correcta.

– El aire tiene forma, color y olor.
– Aunque no lo veas, el aire ocupa espacio.
– El aire se puede tocar.

3 Dibuja y escribe dos seres vivos que necesitan aire para vivir.

4 Lee y adivina.

¿Qué cosita es
que está en todas partes
pero no la ves?
Una pista te daré:
no puedes vivir sin él.

Es el ______.

5 Resuelve el crucigrama y averigua algunas actividades en las que es necesario el aire.

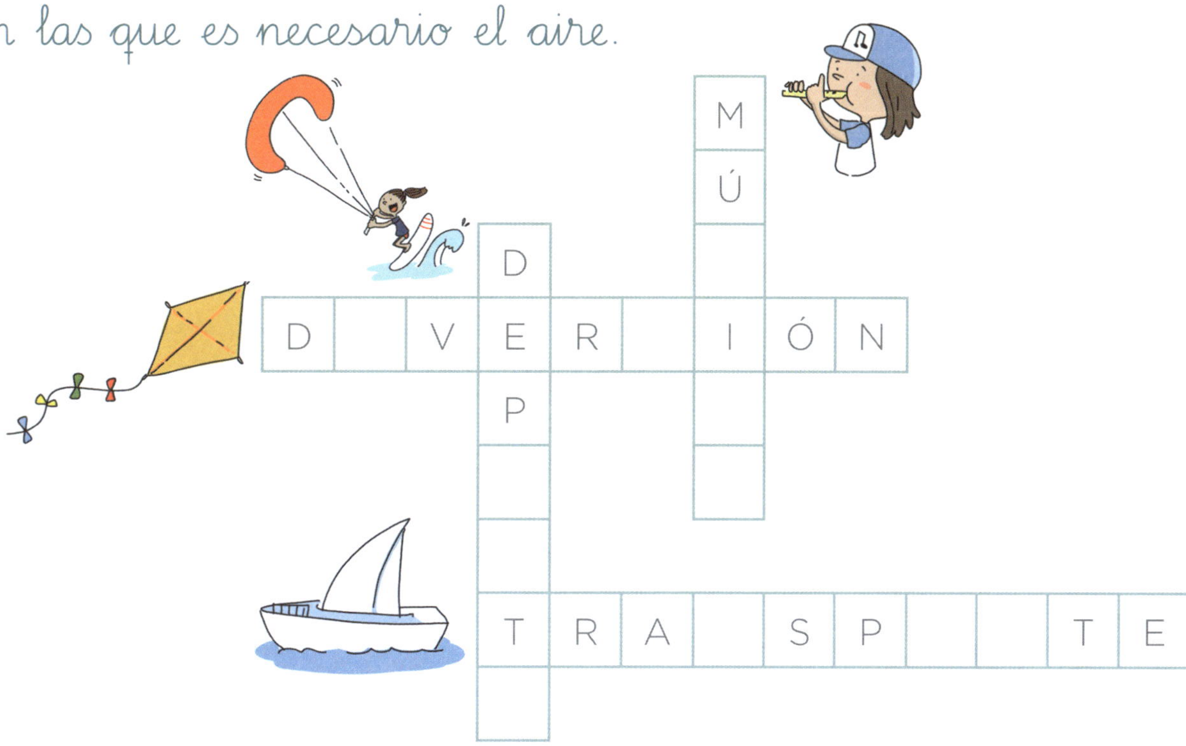

6 ¿Qué tiempo hace hoy en tu localidad? Colorea.

nubes · tormenta · viento · sol y nubes

sol · lluvia · nieve · niebla

Ahora, dibuja el símbolo que lo representa.

2. ¿Sabes dónde estás?

Los mapas y los globos terráqueos nos ayudan a representar cómo es nuestro planeta.

1 Escribe **mapamundi** y **globo terráqueo** donde corresponda.

– El ____________________ representa la Tierra tal y como es; es decir, con forma redonda.

– En cambio, el ____________________ representa la Tierra como si fuera plana.

2 Colorea en cada caso la palabra correcta.

– La mayor parte de nuestro planeta está cubierto de…

…tierra 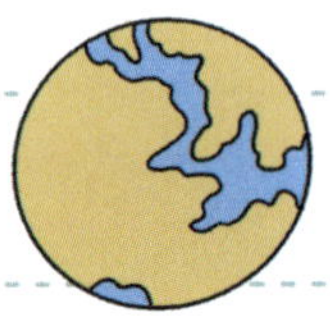

…agua 

– En un mapamundi vemos toda la superficie de la…

…Luna 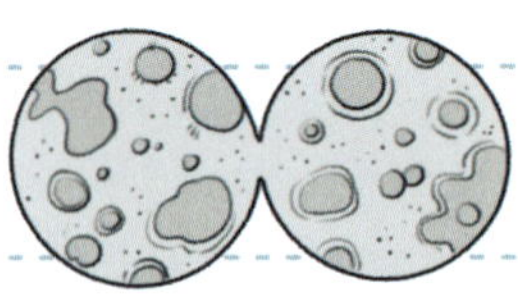

…Tierra 

– Cuando miramos un globo terráqueo vemos…

…un lado 

…dos lados 

3 Escribe **tierra**, **agua** y **aire** donde corresponda.

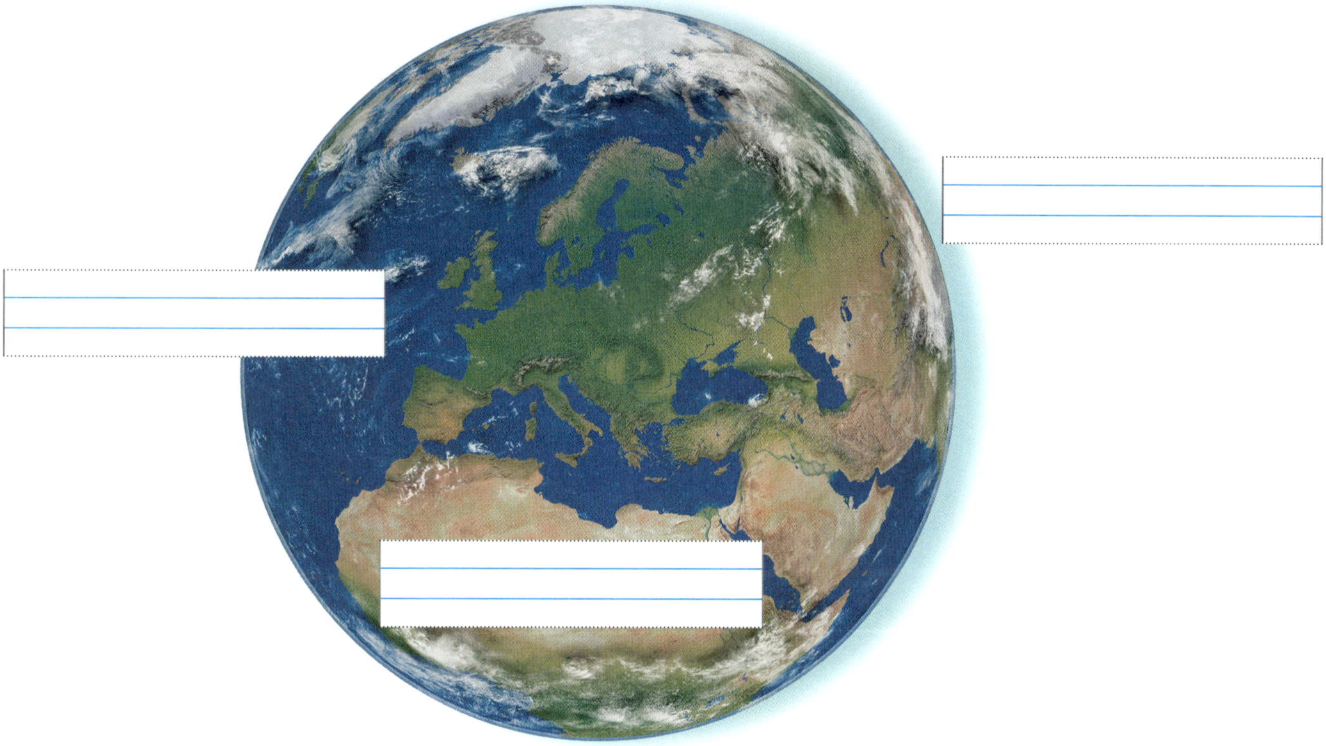

4 Traza una ruta en este mapamundi que lleve al barco hasta el faro.

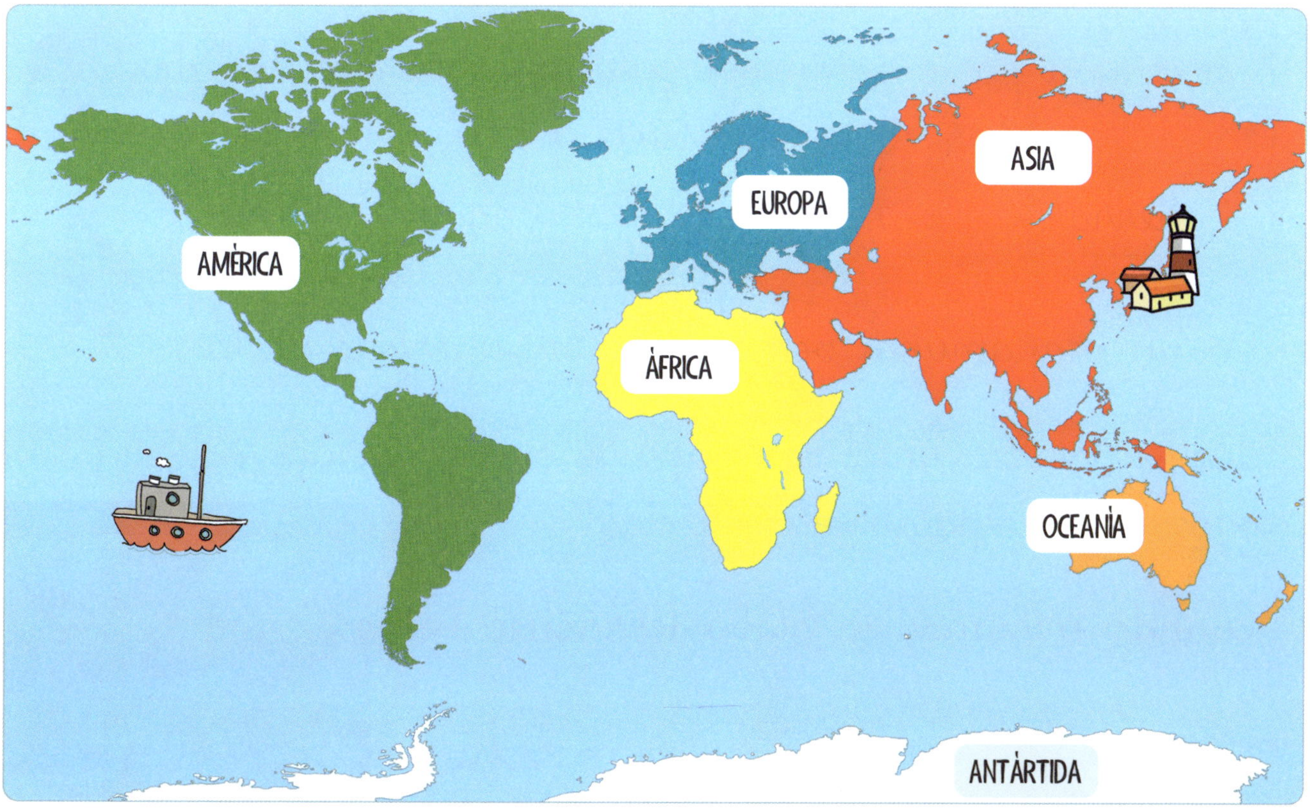

3. ¿Cuántos continentes conoces?

En nuestro planeta hay seis continentes.
El continente en el que vivimos se llama Europa.

1. Colorea cada continente con un color diferente. Después, escribe sus nombres.

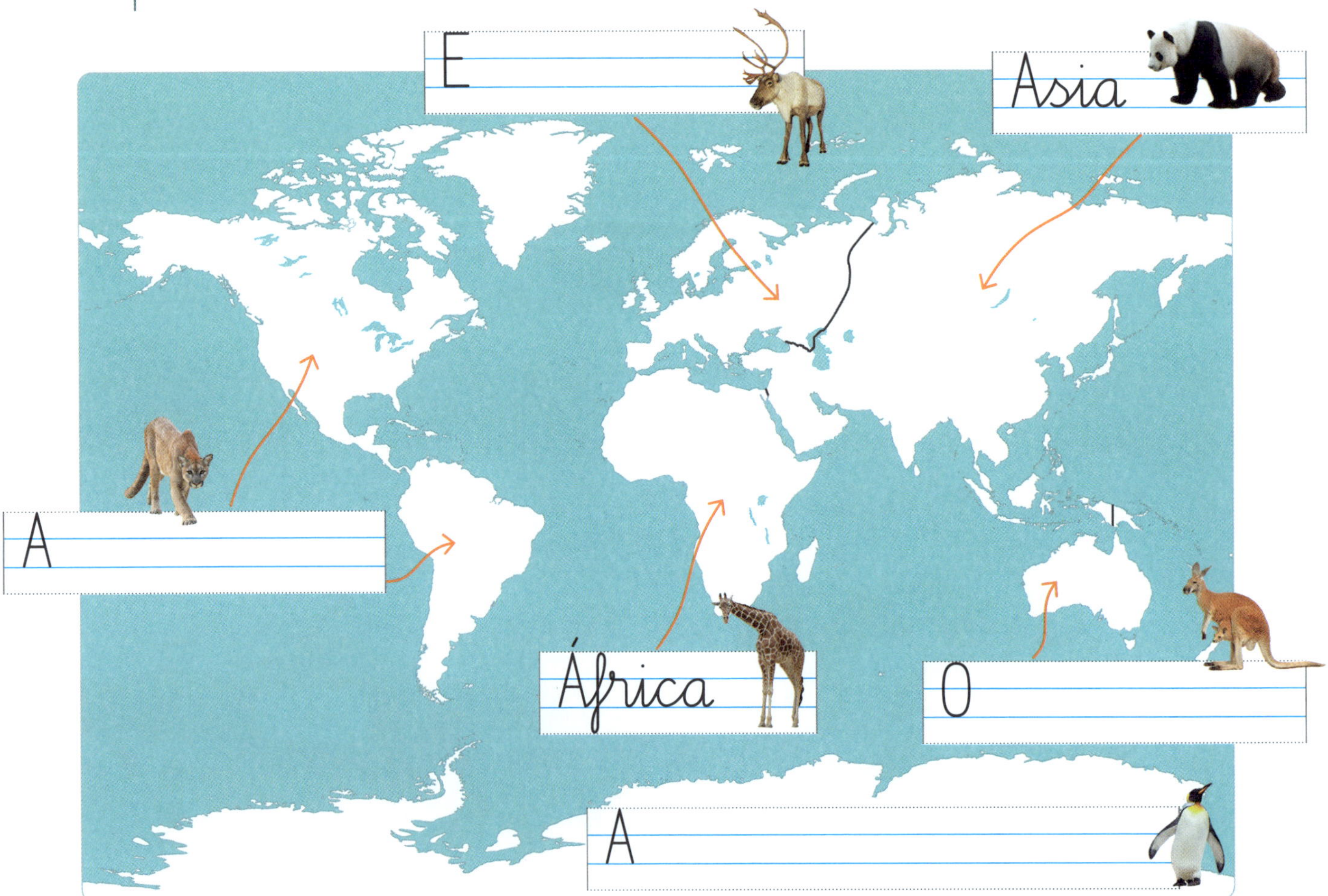

2. ¿Qué es Asia? ¿Cuáles son sus principales características? Rodea las tres palabras correctas.

continente   agua   color azul

océano   tierra   color marrón

3 Observa los dibujos, ordena las letras y descubre el continente en el que vives.

A	P	R	O	U	E

4 Une cada continente con su nombre.

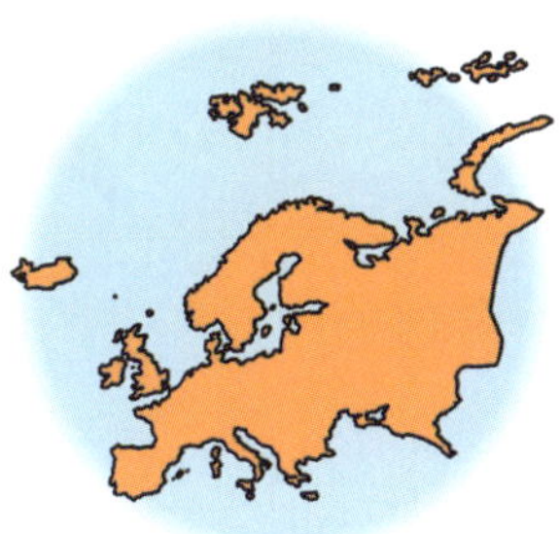

África

América

Europa

Oceanía

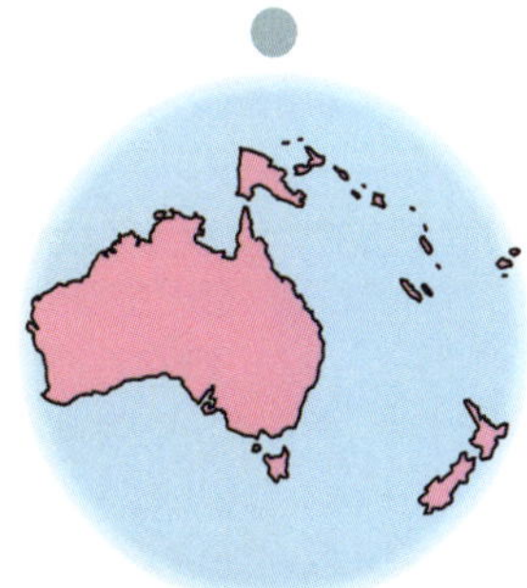

4. ¿Dónde ves agua?

La Tierra está casi toda cubierta por el agua salada de los océanos y los mares.

1 Realiza las siguientes actividades.

– Encuentra y rodea los cinco océanos que hay en la Tierra.

O	P	Á	R	M	Ñ	Í	Q	P
R	S	R	Z	E	H	N	M	R
Y	G	T	G	T	I	D	L	E
T	F	I	F	B	A	I	P	D
P	A	C	Í	F	I	C	O	T
E	Y	O	V	M	S	O	P	R
A	N	T	Á	R	T	I	C	O
W	O	Q	I	X	K	J	A	C
A	T	L	Á	N	T	I	C	O

– Ahora, escríbelos donde corresponda.

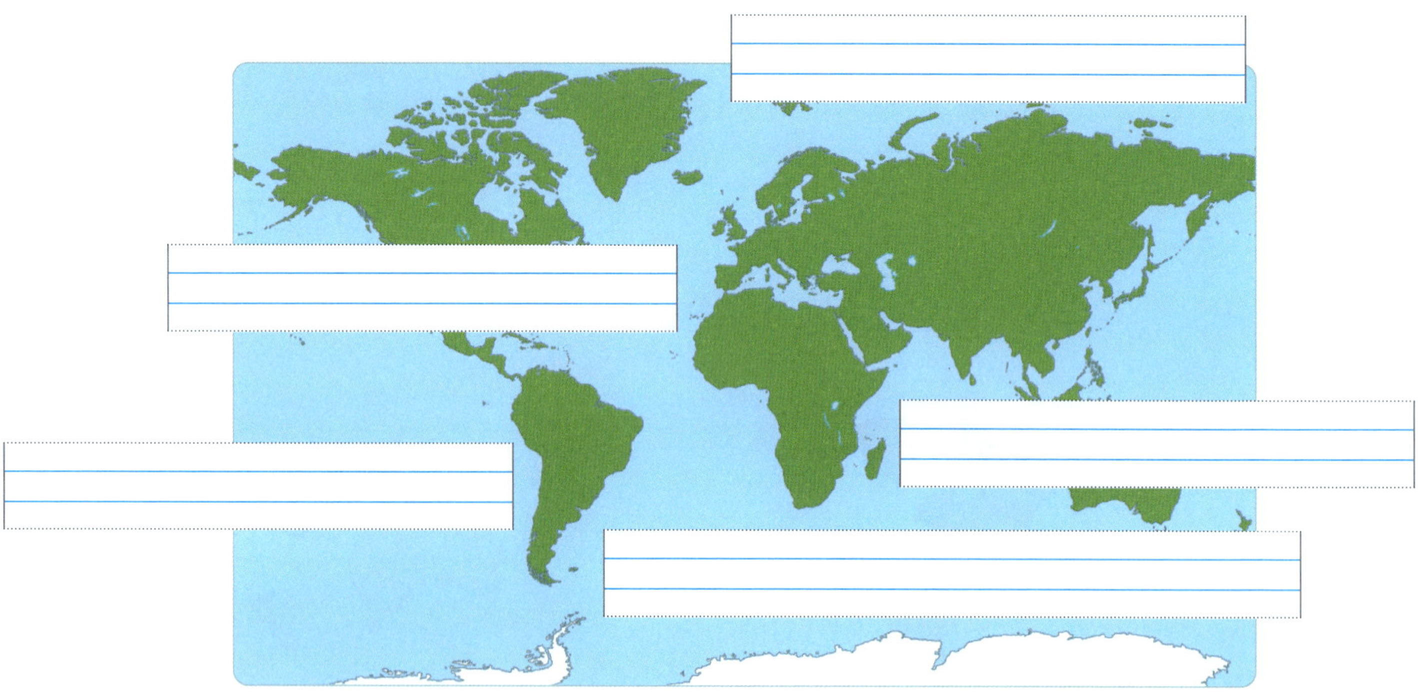

2 Escribe V (verdadero) o F (falso).

– Los océanos tienen más agua que los mares. .... ☐

– El agua de los ríos y los lagos es salada. .... ☐

– A la Tierra se la conoce como el «planeta azul» porque está cubierta casi toda ella de agua. .... ☐

3 Relaciona correctamente.

mar | río | lago

agua dulce | agua salada

4 Explica una forma de proteger de la contaminación a los océanos y los mares.

1. ¿Has visto cómo pasa el tiempo?

Los seres vivos, los objetos... cambian según va pasando el tiempo.

1 Observa esta secuencia de dibujos. Después, realiza las actividades.

- Ordena las imágenes del 1 al 3.
- ¿Cómo crees que será la cara de esta niña en el futuro? Dibújala.
- Relaciona correctamente.

antes — ahora — después

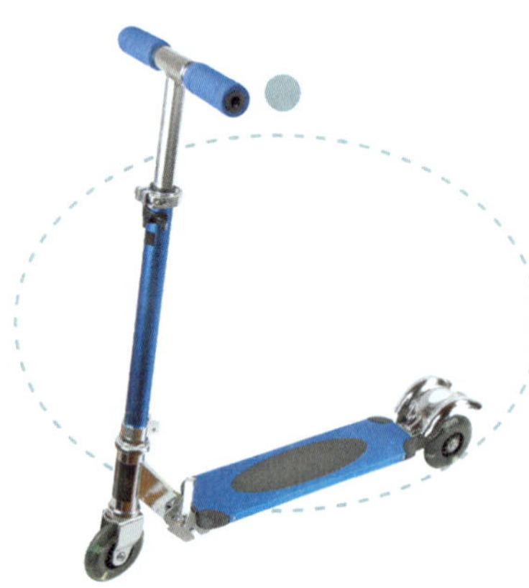

2 Escribe estas frases de más antigua (1) a más moderna (3).

Algunos momentos importantes de mi vida

¡Ya sé montar en bici!

El día que nací

Mi primer cumpleaños

1.

2.

3.

3 Imagina cómo será este modelo de coche en el futuro y dibújalo. Después, di qué tendrá de especial.

pasado

presente

futuro

2. ¿Usamos el calendario?

El calendario nos ayuda a organizar nuestro tiempo. También nos sirve para apuntar algunas fechas importantes en él.

1 Olivia ha rodeado en rojo el día de su cumpleaños.

– Escribe el día de la semana y del mes.

– ¿Cuántos sábados hay en el mes de junio de este año?

2 Relaciona correctamente.

octubre mayo enero agosto

3 Estas frases contienen un error. Escríbelas correctamente.

– Una semana tiene ocho días.

– Tras el mes de abril, llega julio.

4 Realiza las siguientes actividades.

– Escribe ordenadamente los días de la semana.

– Escribe cuál es tu día de la semana favorito y di por qué.

3. ¿Conoces objetos y monumentos del pasado?

Algunos objetos, edificios o monumentos antiguos nos ayudan a conocer cómo era la vida en el pasado.

1 Numera estas construcciones del pasado.

5 Columna — 1 Puente — 3 Torre — 2 Faro — 4 Muralla

2 Observa los dibujos y averigua un monumento que es antiguo.

3 Rodea en esta escena cuatro objetos del pasado. Después, escríbelos.

4 Rodea como corresponda.

Juguetes de antes   Juguetes de ahora

4. ¿Visitamos un museo?

En los museos aprendemos cosas mientras nos divertimos. Por eso, debemos cuidarlos y comportarnos correctamente en ellos.

1 Marca el museo que nos enseña cosas sobre los dinosaurios.

2 Completa este crucigrama con medios de transporte que podemos encontrar en algunos museos.

1. Vuela muy alto y se aparca en los aeropuertos.
2. Viajamos por mares o ríos subidos en él.
3. Tiene pedales, y ahora algunas llevan motor.
4. Tiene cuatro ruedas y circula por las carreteras.

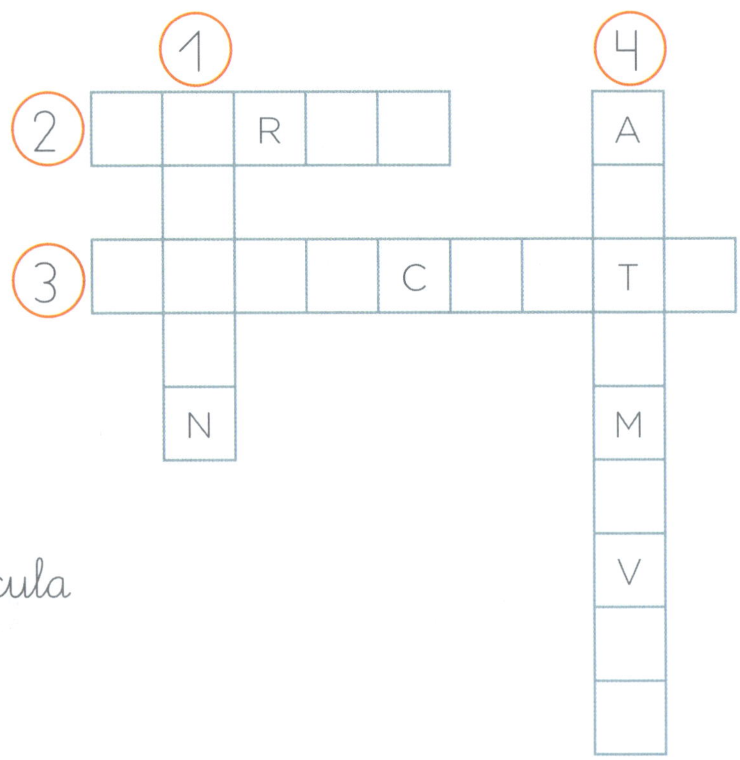

3 Fede está en un museo de bicicletas. Ayúdalo a llegar hasta la bicicleta antigua.

4 Realiza las siguientes actividades sobre las normas.

– Completa el texto utilizando las siguientes palabras.

normas   presente   museos   visitamos   pasado

En los ________ aprendemos sobre el ________ y el ________.

Para seguir disfrutando de ellos, debemos cumplir unas ________ cuando los ________.

– Dibuja un logo para estas normas que debemos cumplir en los museos.

No comer	Utilizar las papeleras	Guardar silencio

Autoría: Alaska Araluce León, Antonio Bustos Jiménez.

Equipo de edición: Eduardo Agulló, Pilar Roig.

Diseño y gráficos: Patricia G. Serrano, Ánder Irigoyen, Paz Franch.

Ilustración: M.ª Ángeles Aznar.

Maquetación: Isabel Román.

Corrección: Miguel Ángel Alonso.

Edición gráfica: Reyes Gordo.

Fotografías: Archivo Anaya (Cosano, P.; Martín, J.A.), Dreamstime / Quick images (Airborne77; Aizhong Wang; Claudiodivizia; Goce Risteski; Natallia Haidutskaya; Oleksii Terpugov), Getty Images (Xavier Rossi/ Gamma-Rapho), iStock / Getty Images (AlexRaths; anankkml; apple2499; bbevren; bergamont; bjeayes; Creativeye99; francois-roux; goldenlobby; Harvepino; kotomiti; omgimages; Pedre; richcarey; Sergiy1975; shironosov; soleg; StockPlanets; Toni M; unclepodger), 123 RF (afoot; archman; catalby; chuyu; destina-cigdem; Isselee; lestertair; mirage3; nipapornnan; peshkov; photodeti; pkazmierczak; scottff72; serrnovik; smileus; titonz; ultimagaina; v74; yanon2013).

ISBN: 978-84-698-9559-7 - Depósito Legal: M-5818-2022 - Printed in Spain.

ET042267/1E1I - 1010038